AF450143

VOLVER PARA CONTARLO

ALEJANDRO VARGAS GUERRERO

VOLVER PARA CONTARLO

EXLIBRIC

ANTEQUERA 2022

VOLVER PARA CONTARLO
© Alejandro Vargas Guerrero
Diseño de portada: Dpto. de Diseño Gráfico Exlibric

Iª edición

© ExLibric, 2022.

Editado por: ExLibric
c/ Cueva de Viera, 2, Local 3
Centro Negocios CADI
29200 Antequera (Málaga)
Teléfono: 952 70 60 04
Fax: 952 84 55 03
Correo electrónico: exlibric@exlibric.com
Internet: www.exlibric.com

ISBN: 978-84-19269-54-6
Depósito Legal: MA 863-2022

Nota de la editorial: ExLibric pertenece a Innovación y Cualificación S. L.

ALEJANDRO VARGAS GUERRERO

VOLVER PARA CONTARLO

Presentación

Muy buenas a todos. Me llamo Alejandro. Ya muchos me conocéis a raíz de la publicación de mi primer libro llamado *Tránsito de las celebridades,* en el que hablo de cómo fue el transcender hacia la luz de muchísimas personas conocidas. En este segundo libro, que he titulado *Volver para contarlo,* me quiero centrar en el mundo espiritual, en el que voy a ir contando todo lo que uno de mis guías espirituales llamado Víctor me va a ir relatando y también de la mano de otros seres de luz, pero en especial de Víctor Manuel Cepedello López, que llegó a mi vida el 15 de octubre de 2020, en una noche en la que su madre se comunicó conmigo para preguntarme cómo estaba. Él llevaba tiempo detrás de mí porque aún no había ido a la luz y quería seguir su camino, pero quería dejar a alguien como mensajero para su familia por si él no podía volver aquí (creyendo que al cruzar a la luz podría perder el contacto con su familia y la gente que lo quiere), así que le ayudé a pasar hacia la luz. Aún me acuerdo de cómo se fue, conduciendo su moto. Se quería ir de este plano, como él me dijo, haciendo lo que más le gustaba: las motos. Pasados unos días, lo volví a ver y me extrañó mucho, porque pensaba que si había ido a la luz, ¿qué hacía de nuevo aquí y por qué volvía? Hasta que con el paso del tiempo vi que teníamos mucha afinidad él y yo, que somos parte de la misma alma y que tenemos muchas cualidades en común. Eso nos hacía poder trabajar bien en equipo. Por amor lo ayudé a guiarlo hacia la luz y por toda la ayuda que le brindo a su familia, eligió convertirse en mi guía espiritual y ayudarme de la mano a trabajar juntos y evolucionar los dos para la luz y también para ayudar al mundo. Hoy 11 de septiembre de 2021, en una de mis conexiones con él, el maestro Jesús nos sentó a él y a mí en una roca, para transmitirnos que los dos teníamos que escribir este libro y presentárselo al mundo, así que los dos nos embarcábamos de nuevo, yo por segunda vez, en esta aventura, y junto a él vamos a contar muchísimas cosas que pueden aportar claridad y luz al mundo para entender que hay otra vida más allá de la vida, que no estamos solos y que la muerte, como tal, no existe.

El idioma del universo

En primera instancia, Víctor me cuenta que allá en el mundo espiritual no existen los idiomas, ni chino, ni tailandés, ni inglés ni ningún otro idioma terrenal. Allí el único lenguaje que existe es el lenguaje del amor. Ellos se comunican mediante la vibración del amor y utilizan ese lenguaje, que no me lo define como lenguaje, sino como energía, porque me recalca que todos somos energía y que como energía no morimos ni somos destruidos, ya que esa energía es indestructible. Me explica que el idioma que elegimos en el planeta Tierra, así como en otros mundos, es parte del aprendizaje, porque si todos nos reencarnáramos en el mismo país y con el mismo idioma, no podríamos aprenderlo todo. Por eso se creó el idioma en diferentes lenguas, pero solo hay una que es el lenguaje del amor, y que este es al que todos deberíamos dirigirnos siempre. Me recalca que no hay separación de ningún tipo, que las guerras que existen entre un país u otro son creadas por nuestro ego, que no es más que un mero maestro para nosotros que nos hemos impuesto para aprender y evolucionar, porque todo es aprendizaje y evolución, y hay tareas que debemos hacer aquí en la Tierra para aprender. Por ello, Víctor me dice que no debería haber guerras de ningún tipo por ver quién tiene más estudios de idiomas o aprendizajes, que está muy bien aprenderlos, pero realmente el lenguaje que tenemos que aprender y con el que nos tenemos que comunicar es con el amor, ya que ese es el idioma universal y con el que todos nos deberíamos comunicar en nuestros actos, nuestra generosidad y nuestra bondad, no hay mejor lenguaje que ese. El amor universal que nos tenemos los unos a los otros, esa es la mayor generosidad que nos podemos hacer, porque todos somos uno y no hay nada separado de nada. El ser (Dios, el universo, el todo) es uno y todos somos él. Por eso nada está separado de nada, sino que todo es un conjunto de todo. Por esta razón, ellos en el plano espiritual o universal no tienen idiomas ni lenguaje de ningún tipo, sino que hablan en frecuencias, en amor, como si fuese un contacto telepático a través del pensamiento. Así me lo define él. Allí tampoco hay guerras de ningún tipo, sino que todos se tratan por igual y son iguales desde el amor incondicional. Víctor me dice que os anima a todos a comunicaros con el lenguaje del amor en vuestra forma de ser y sentir, porque si ya lo hacéis, entonces ya tenéis mucho dado. También me habla de la importancia del perdón, otro combustible importante al igual que el amor con el que también nos deberíamos comunicar, porque así estaríamos libres de odio y rencor. Lo que vemos como problemas no son más que aprendizajes para nosotros mismos y pruebas que nos hemos impuesto álmicamente, para alcanzar nuestro estado de pureza puro y perfecto.

La llegada de las almas

«Cuando las almas llegamos aquí, para nosotros es un comienzo nuevo», me dicta Víctor. «Para nosotros es una llegada como si fuésemos a renacer de nuevo». Eso es para nosotros la vuelta a casa, que es nuestro verdadero hogar, no la Tierra, sino el mundo espiritual, que es a donde pertenecemos y donde algún día todos vamos a regresar, porque todos tenemos destinado regresar a casa en la fecha que nos toque. No hay errores, no hay casualidades, no existe el «hubiera», nada de eso existe. Cada cual se va cuando le corresponde y cuando es su momento y hora indicados, y para el alma no es ninguna tragedia ni ningún horror, porque sabe que es su momento. Después de eso, tendrá lugar un tránsito del que yo hablo en mi primer libro, *Tránsito de las celebridades.* Ese tránsito va a depender de los apegos que tenga al plano material, como casas, personas, familiares, etc. Se quedan aquí anclados, y no es bueno para ellos, porque con sus pensamientos, si los tienen bajos, nos pueden influir a nosotros con nuestras ideas, pero que estén en tránsito no quiere decir que estén mal, porque cada alma, al desencarnar, se crea su propio estado de consciencia, en el que pueden tener un tránsito bonito, feliz, agradable y próspero. Víctor me recalca que su tránsito fue así y él lo hizo mágico; sin embargo, me comenta que, al coincidir con otras almas cuando él se encontraba aún aquí sin transitar, vio como otras almas hacían de su tránsito un infierno. Por eso, hay que ayudarlas y hablarles desde el amor y la comprensión, porque así ellas pueden avanzar y cruzar al otro lado, porque los guías y familiares siempre vienen a buscarlos, pero por la ley del libre albedrío no se les puede obligar a cruzar hacia el otro plano, y a nosotros, al estar más cerca de ellos, nos usan como instrumentos para ayudarlos. Por eso es importante que antes de que transciendan, se les comente y les digan que todo va a salir bien, que se vayan tranquilos y livianos, que deben continuar su nuevo viaje en el otro plano.

Una vez llegados aquí, Víctor me comenta que algunas almas son recibidas por un familiar y directamente llevadas al hospital o lugar de recuperación al que estén destinadas a ir. Después se irán reencontrando poco a poco con el resto de sus familiares álmicos, depende de cómo vengan esas almas; sin embargo, hay otras almas que al instaste de cruzar a la luz son recibidas por todos sus familiares álmicos. Víctor me habla también acerca del suicidio, ya que ha habido mucho tabú con este tema. Él me comenta que el suicidio es una manera más de partir y que no es ningún error, el alma sabe bien cuándo va a partir, y aquí Víctor me presenta tanto a una amiga mía como de él llamada Teresa. Ella escogió irse de manera voluntaria y me comenta que ese era su momento, junto con otras almas que también escogieron partir por esta decisión, y si no es tu momento de partir, tu alma no se va, aunque lo intentes muchas veces, y así ha quedado demostrado en muchos casos. Tampoco nadie se va de aquí sin dejar nada pendiente porque, tanto aquí como allí, se sigue aprendiendo y evolucionando, porque hay aprendizajes que tenemos que hacer en la Tierra y otros en el plano espiritual. Nadie se va sin completar todos estos aprendizajes. También se presenta un espíritu muy avanzado llamado José Eduardo, que también escogió irse voluntariamente, y el mensaje que me da es que todos los caminos regresan a casa, independientemente de la manera de partir. Cada alma escoge el momento, así sea irse voluntariamente. Todo es perfecto y si te marchas es porque es tu hora y cumpliste tu función en este plano.

Ahora viene un espíritu amigo, llamada Lety, amiga mía y de Víctor, que nos cuenta que eso no quita que se tenga que volver a la Tierra, debido a que no hemos sabido aceptar estos aprendizajes desde el amor y el perdón. Por eso se vuelve muchísimas veces, porque no sabemos aceptarlos desde el amor y la compresión, así que tenemos que reencarnar muchas veces; pero en el plano espiritual también se aprende, lo que ocurre es que al estar allí, en el plano de luz, no existe ni el odio ni el enfado ni el dolor, por eso se necesita ir a un planeta tan denso como la Tierra, porque allí el avance y la evolución son más rápidos. Lety me recalca que todas esas personas que nos enfadan y nos sacan de quicio no son más que maestros para nosotros, para enseñarnos a aprender y evolucionar, porque la polaridad del bien o del mal no existe para nuestras almas, ya que para el alma las situaciones ya sean de bien o de mal —tal y como las cataloguéis vosotros con vuestro ego—son perfectas y prósperas para su crecimiento, así que para el alma no existe malo ni bueno, todo es aprendizaje y crecimiento para ella. Dentro del ser, que es Dios, que es todo, tal y como ha dicho Víctor, juegan un papel y hay que respetarlo, así que no juzguéis a nadie, porque lo que veis como problemas no son más que aprendizajes. Y también deberíais agradecer a todas vuestras almas compañeras, ya tengan el rol de familiar, amigo o enemigo, porque os ayudan a crecer y a avanzar.

El mundo espiritual

Pues como dictaba anteriormente en el segundo capítulo, ya hemos hablado de la vuelta de las almas a casa, y ahora en este capítulo queremos centrarnos Víctor y yo en el mundo espiritual. Víctor me relata que cuando él volvió a casa, tuvo una guía, que fue Lety, su mentora y gran amiga, que lo condujo a visitar varios planos. Víctor me cuenta que, tal y como decía Jesús, «en el hogar hay varias moradas», pero no solo él lo decía, sino también los grandes filósofos y maestros que encarnaron en el planeta. Víctor dice que allí todos son iguales como la fuente de Dios, hasta inclusive los propios maestros, que los han puesto como que son superiores a nosotros, como por ejemplo el propio Jesús, Mahoma, Saint Germain, María Magdalena y otros maestros que no conocéis, pero que en realidad son como nosotros y son tratados por igual. «Aquí no hay nadie superior ni inferior a nadie, eso son cosas del ego en el plano material y aquí el ego no existe ni tiene ningún poder». Víctor me relata en concreto su encuentro con el maestro Jesús. Dice que cuando le vio el rostro, supo que era él y que nada tiene que ver con el que se enseña en las iglesias y en otras estampas o cuadros; sí que es un rostro que da paz y armonía, y es amigo de todos, al igual que los otros maestros, a los que allí no se refieren ni como maestros ni como dioses, porque repito que todos somos iguales y somos uno, esas cosas son del planeta terrenal. Tampoco nada tiene que ver con las fotos que han salido de los maestros ascendidos: «Aquí no tienen forma ni cuerpo, porque son energía, somos energía, aunque a veces nos tenemos que manifestar en cuerpo para que nos reconozcáis, pues en energía os sería difícil distinguirnos».

Víctor me relata que visitó otros planos junto con Lety, y él vio todos esos planos muy bonitos y hermosos, solo que a esos planos va cada uno acorde a su grado de consciencia, «va al plano que le corresponde, ya sea un asesino o un beatificado, tal y como vosotros decís en la Tierra, porque nosotros no ponemos etiquetas a nadie, ya que eso es juzgar y en la luz nada se juzga ni se condena, porque todo son planes prenatales y acuerdos de almas. Aquí no existe ni la división ni la guerra, eso son cosas de vuestros egos. Tampoco hay planos oscuros ni feos, tal y como se os han mostrado en la Tierra. Sí que es cierto que cuando hay un alma varada en el tránsito, se puede crear un estado feo y oscuro, pero eso es acorde a su grado de consciencia. Aquí nada de eso existe, ni tampoco existe el castigo, porque Dios nos ama a todos por igual, somos sus hijos y él jamás se castigaría a sí mismo. Aquí no se descansa en paz porque ese término aquí no existe y porque la vida sigue continuando. No se termina porque lo diga una fecha en una lápida o un papel funerario, nuestra vida no se acaba nunca, porque tal y como he dicho, somos energía y la energía no muere ni se destruye, sino que continúa en otros planos de consciencia. La vida siempre continúa y el universo, que es vida, siempre está en constante movimiento y nunca se para. Aquí realizamos trabajos».

Víctor me dice que él trabaja de la mano de mi abuela, que se llama Paca, y de la mano de Lety en concreto con los niños, puesto que allí se sigue aprendiendo y se sigue estudiando. Me dice que él enseña a los niños cómo aparecerse a sus padres en forma de mariposa o libélula, que es lo más peculiar que ellos utilizan para acoplar su energía y aparecerse, aunque también utilizan otros métodos que no son tan desconocidos. Asimismo, Víctor me relata que ellos trabajan mano a mano también con otros planos, en concreto me dice que las labores que realizan son rescates para almas que han quedado atrapadas en el tránsito. Otra tarea es cuidar de los niños y también trabajar en el hospital, porque allí hay un hospital, pero no como en la Tierra. También me comenta que otra labor que realizan es la de ser guías espirituales, que pueden ser temporales o permanentes, para muchas personas que necesitan guía en la Tierra. Por ejemplo, Víctor me comenta que cuando yo lo llevé a la luz, él eligió ser mi guía temporal, pero después prefirió quedarse permanentemente para ser mi mentor y guía y también para transmitir todos estos mensajes al mundo, porque tanto él como yo evolucionamos, porque se sigue evolucionando siempre y la evolución nunca para, ya sea más lenta o más rápida, pero siempre está en movimiento. Nosotros, como ya comunicamos en el primer capítulo, nos comunicamos por el lenguaje universal del amor, tanto aquí como allá y en todos los planos de existencias. También aquí nos encargamos de reeducar y enseñar a muchas almas a que eleven su frecuencia y a que siempre hagan grandes cosas, a las almas que están en la Tierra, porque al dormir por la noche se produce el desdoblamiento y volvéis aquí y hacéis grandes tareas con todos nosotros, ya que el alma se experimenta a través de muchos planos a través del alma mayor. El alma no solamente tiene una existencia, sino que tiene varias existencias a través del plano terrenal y de otros planos de existencias. Es el caso de Alejandro y yo, que nuestra alma experimentó dos vidas a la vez en el plano físico en dos cuerpos diferentes, pero a la vez de la misma alma, que es un alma mayor, porque el alma se ramifica y no solamente tiene una existencia, sino varias existencias.

La reencarnación

La reencarnación es el proceso por el cual nosotros aprendemos a transcender el ego y ser puro amor incondicional, como lo que verdaderamente somos, solo que hay algunos que todavía no lo han podido ver, porque el ego crea división y esa catalogación de más despierto o menos despierto son etiquetas del ego. Cada uno está en su proceso, en el que tiene que estar, y a medida de ese proceso irán despertando o no. El proceso de despertar está también en la programación de vida, porque todo lo elegimos desde el libre albedrío, junto con un consejo de quienes van a ser tus guías mientras estés en la Tierra o en otros planetas, me relata Víctor. Me cuenta que lo planeamos todo, planeamos dónde vamos a nacer, dónde vamos a estudiar, dónde vamos a vivir y en ese programa también elegimos a las personas que van a interactuar con nosotros, desde nuestros padres, hermanos, hijos o parejas, así como todas las personas que nos encontramos en el día a día. No hay ninguna casualidad en todo esto, solo hay una causa, que es el aprendizaje ante todo. No hay rencores ni enojos al elegir esto, porque el alma no se enoja ni se enfurece, ya que es puro amor y entiende que las personas y las situaciones que elija lo hace desde el puro amor incondicional para aprender.

También hay elección en las programaciones de la Tierra, nada pasa ni por azar ni por cosas del destino, todo está previamente pactado, «aunque hay algunas cosas en las que tenéis libre albedrío y siempre podéis decidir, pero eso no quita que tengáis que pasar por planes que vuestras almas han elegido». También hay otros planetas mayores donde se reencarnan y conviven partes nuestras, que se denominan seres multidimensionales. Si son partes nuestras en otros planos de existencias que también crecen y evolucionan como nosotros, los podemos distinguir como hermanos cósmicos, pleyadianos o intergalácticos, que también crecen y evolucionan con la misión de ayudar a otros planetas hermanos como, por ejemplo, la Tierra. Me recalca Víctor que lo que vemos en las películas de ciencia ficción es muy parecido a la realidad, solamente que desde nuestra mente egoísta no lo podemos percibir así. «La reencarnación siempre es optativa, os la ponen como una opción para evolucionar; no hay obligación de volver si no queréis. Aquí el libre albedrío existe también, pero todas las almas siempre eligen reencarnar, porque para el alma seguir acumulando experiencias en cada vida es como si fuese una victoria para su propio crecimiento. Por eso vuelve a la Tierra muchas veces, porque al ser un planeta escuela tan denso, cuesta mucho transcender el ego, pero al alma eso no le importa, puesto que el tiempo y el espacio no existen aquí y el alma no tiene ninguna prisa por acumular experiencias tan rápidamente. El alma está fuera del tiempo, como bien he dicho».

Hay siempre muchas maneras de evolucionar, y la reencarnación es una de ellas, la principal. También está la opción de seguir evolucionando en el plano espiritual, pero allí el ritmo es más lento y por eso el alma se adentra en planos tan bajos, porque así evoluciona más rápidamente. Y cuando ya has transcendido todo esto, no tienes por qué volver a reencarnar más en la Tierra, aunque puedes volver por amor de manera voluntaria a ayudar a este y a otros planetas, y también para sanar tu árbol de almas y echarles una mano, como bien se dice. Hay mucha gente que tiene miedo de que si su ser querido reencarna, ya no lo vean más en el plano espiritual, pero no es el alma lo que reencarna en su totalidad, sino que el alma se ramifica, va creando vehículos (cuerpos físicos); me lo define como los frutos de un árbol. Cada vehículo crea su experiencia, pero jamás desaparece, sigue en el plano espiritual evolucionando, así que siempre habrá reencuentros, porque esto es infinito y nunca acaba. El alma no está encerrada en ningún cuerpo ni piensa con la mente humana, piensa con la mente de Dios, del Creador, porque el alma es incompatible a pensar con una mente humana. Y eso está fuera del cuerpo, porque somos almas y, sin embargo, hay personas que se identifican con el cuerpo, cuando simplemente es un vehículo temporal que se utiliza para estar un determinado tiempo en la Tierra. Y es que el planeta Tierra es un holograma, una ilusión; me lo define como si fuese una película en la que te adentraras y también como un juego al que juegas y al que has venido a aprender y a ganar victoriosamente las pruebas y experiencias que has escogido.

También Víctor me ha mostrado que nosotros completamos aprendizajes de nuestros ancestros que ellos no pudieron hacer en la Tierra y nosotros, como parte de su familia álmica, lo hacemos a través de ellos. Dice Víctor: «Eso es la vida, un juego del que siempre hay que salir triunfador». Me cuenta que hay personas que se preguntan por qué no recuerdan todo lo que pactaron y Víctor me dice que esto es como un examen: si te dan todas las respuestas, no aprendes nada. Por eso hay que aprender y se os impone ese famoso velo del olvido, tal y como lo llaman algunos. Yo lo llamo el velo de la opresión, de tanta angustia e inquietud que hay en algunas personas por querer saber. Aunque Víctor me dice que su legado es que disfrutéis del viaje de la vida sin preguntaros el futuro o el pasado, simplemente disfrutad y cuestionaos todo lo que tengáis que cuestionaros, porque así llegaréis siempre a la verdad que ya reside dentro de vosotros.

La imaginación

La imaginación es la puerta de entrada por la cual nuestros seres queridos se comunican con nosotros. Al imaginar, hacemos que su energía se acople con la nuestra y así se hace el contacto. Pero no solamente la imaginación es la puerta de entrada para esto, sino que también es la puerta para conectar con otros planos y otras dimensiones que habitan en el universo. Muchos desconocen esto, porque a simple vista se creen que la imaginación solo sirve para imaginar o hacer cosas banales, y algunos piensan que son fantasías, pero no. La imaginación se creó para mucho más que eso, porque con el simple hecho de imaginar y de marcar la intención, la imaginación te puede llevar hacia muchos lugares y horizontes que hasta ahora muchos desconocen. Son palabras de Lety, una de mis guías, que os indica que simplemente marquéis la intención, que con marcar la intención todo es posible. Nada es imposible si no dejas que tu mente te limite.

Con solo pensar en una caricia, en un sentimiento o simplemente en un recuerdo, ya estáis haciendo contacto con vuestro ser querido, porque con la muerte no se rompe nada, todo sigue unido, todo está conectado y todo está en su curso. Nada está separado de nada, y entended que la muerte simplemente es un disfraz ilusorio que no existe. También es parte del despertar darse cuenta de que nada muere, que todo sigue conectado, que nuestros seres amados siempre están en contacto con nosotros sea en las esferas que sean, nunca estamos separados. Por eso nos dicen que con marcar la intención y el simple hecho de imaginarlos, ya estamos en contacto con ellos, siempre y cuando vibremos en amor, en alto y no nos cuestionemos por nada, simplemente que disfrutemos ese momento al lado de ellos, ya no solamente a través de la imaginación, sino también a través de las señales que ellos nos mandan, a través de una fotografía suya, de un olor, de algún recuerdo o emoción que sintamos de ellos. Siempre están a nuestro lado, la conexión álmica nunca se rompe.

Esto es lo que Víctor siempre me dice cuando se lo transmite a su madre, y él y Lety os lo dicen a todos también. No hay mayor protección que ir en amor hacia el reencuentro con nuestros seres queridos. Lety también me transmite que a través de la armonía y la imaginación podemos llegar a lugares que nunca hubiésemos podido imaginar, pero también me indica que al imaginar no podemos dejar que el ego entre en nuestros pensamientos, porque si el ego entra, nos lo cuestionamos y no disfrutamos de la experiencia. «Por eso los cuestionamientos debéis dejarlos para el final», me indica. Aunque no hay mayor prueba que lo que vivís os llega y os sale del corazón, y ante eso no hay mayor prueba y ahí el ego no puede llegar, siempre y cuando nosotros mismos no lo permitamos. Por eso desde aquí, Lety os dice a todas las personas que estáis pasando por un duelo que el mensaje que os transmite es que podéis contactar con ellos, podéis seguir teniendo relación con ellos, porque en la imaginación está vuestro mayor recurso para ello. No quiere decir que la palabra *imaginar* signifique que todo lo que viváis sea ficticio, sino que la imaginación es la nave para poder viajar hacia vuestros seres queridos, para poder seguir entablando relación con ellos, de alma a alma.

La resiliencia

Bueno, hoy Víctor y yo queremos darle paso a María, un gran espíritu con muchísima luz y una fuerza interior suprema. María partió hace un mes por un cáncer con metástasis. Ella quiere deciros hoy cómo afrontó el tema de la muerte, como Alejandro bien ha dicho entre líneas de la primera página. Dice María:

«Yo también os comunico que la muerte no existe. Yo era una persona encarnada en la Tierra que era escéptica, no creía en nada parecido a esto, pero jamás, ni en el último momento de mi enfermedad, tuve miedo a la muerte porque sabía a lo que me enfrentaba. Jamás se me pasó por la cabeza que yo misma iba a dejar de existir, porque sabía que iba a seguir viviendo en los corazones de quienes me aman. Y con esto os quiero decir que mientras se recuerde a una persona, nunca muere, siempre sigue viva a través del recuerdo. Es a través de esos recuerdos que, como bien ha dicho Lety en el quinto capítulo, nos abrís las puertas para que entremos y podamos hacer el contacto con vosotros. Cuando sintáis una emoción de felicidad, una emoción de amor, una emoción de luz y armonía, ahí nuestras almas se están comunicando. Y también se siente la unión del corazón en ese momento cuando ya hay contacto. Por eso siempre pensad en nosotros alegres, felices, con un recuerdo que os embargue de emoción y de alegría, porque así el contacto se dará más fácilmente.

Con este libro todos os esperamos transmitir que la muerte es un renacer al verdadero continuo de la vida. Por eso al leer estas páginas me gustaría que, con este mensaje que transmito, podáis ver la muerte de otra manera, porque no muere nadie. También quiero que sepáis que he podido descubrir las señales tan bonitas que os mandamos todos los seres amados a vosotros, a través de una mariposa, una libélula, un recuerdo… Hay muchas maneras que nosotros utilizamos para haceros saber que estamos y hay muchos métodos para que podáis contactar con nosotros. Solo quiero transmitiros con esto que marquéis la intención y el entusiasmo por recibirlo abiertamente, pero no lo cuestionéis con el ego, sino con el corazón, porque ahí encontraréis la verdad. A través de vuestras emociones sentiréis que ese contacto ha sido palpable y real.

Con esto os quiero transmitir, como punto y final, que yo vi la muerte de otra manera en mi final, pero jamás la afronté con miedo. Así que os pido que no tengáis la consciencia dormida, os animo a despertar, a que descubráis cosas por vosotros mismos, y con esto también os invito a que reflexionéis sobre todo esto y penséis, que seguro que podéis sacar muchas cosas en claro y podréis percibir muchas señales y muchas cosas que os han ido llegando.

Con amor,
el espíritu de María».

Pensamientos del corazón

Hoy Víctor y yo queremos darle paso a los pensamientos que sentís desde el corazón, para que se manifiesten energéticamente. Víctor me dice que hay muchas cosas que hemos planeado en nuestro plan de alma y que en ese plan también está que manifestemos energéticamente muchas de las cosas que deseamos en el corazón para, en la vida real, ponerlas en práctica. Los pensamientos se deben sentir desde el corazón porque esa es la llave hacia la puerta para que podamos manifestarlos; si los sentimos desde la mente, o sea, el ego, no concretaremos nada. Hay muchas personas que se cuestionan esto. Víctor me comenta que cuando él estaba encarnado, jamás despertó espiritualmente, pero las cosas que deseaba siempre las sentía desde el corazón. Usaba su imaginación, que es una fuerza muy potente, para atraer las cosas que deseaba a su vida, como un trabajo ideal, una pareja ideal o unos amigos ideales. Todo radica en sentir desde la imaginación, y eso es lo que él siempre hacía, imaginar y desear que esas cosas se manifestaran en su vida. Me comenta que tuvo unos efectos sorprendentes en su vida sin él inconscientemente saberlo. Por eso, la mente es muy poderosa y tú mismo eres el que elige cómo utilizarla, si desde la mente egoísta o la mente del corazón. La energía es muy potente y poderosa, y en nosotros está el saber cuidarla y apreciarla.

La mediumnidad en niños

Hoy Víctor nos quiere hablar sobre la mediumnidad en niños y la capacidad de conectar con el plano espiritual. Como bien mencionó Lety en el quinto capítulo, con el simple hecho de imaginar podemos conectar con el plano espiritual, porque todos somos accesibles al plano de luz. Como parte de Dios que somos, cada uno tiene la capacidad de poder desarrollar la mediumnidad y conectar, pero todo llega dependiendo de lo que el alma de cada uno haya pactado tener o hacer en la Tierra, así como en otros planetas.

Con esto quiero decir que no todos han venido a desarrollar la mediumnidad. Todo depende del avance que se tenga como espíritu, y no todos están preparados para conectar con el plano espiritual ni recibir mensajes. Los que han venido con ese don lo tenían ya así planificado. A algunos se les manifiesta como a mi sobrino, a edad temprana porque, como he dicho, lo tenían planificado; a otros se les manifiesta como a Alejandro, a una edad tardía, y a otros simplemente se les manifiesta al nacer. Todo depende del grado evolutivo que tengan como almas.

Vuestra aura, lo que cubre vuestro espíritu y envuelve vuestra alma, debéis tenerla siempre limpia, con pensamientos o sentimientos bonitos, porque así elevaréis vuestra vibra y podréis recibir mensajes bonitos y puros de espíritus elevados de luz. No todos los que tienen el don de la mediumnidad han venido a ayudar; otros, en cambio, sí y es su deber y su misión, algo que se debe a cuestiones álmicas. Cada proceso es individual y cada uno tiene su avance y su progreso. Con esto me dice que no debemos comparar la mediumnidad de nadie, pues cada uno tiene los dones que tiene y ha venido a trabajarlos y a desarrollarlos, porque nunca se deja de desarrollar ningún don y la mediumnidad en sí nunca se termina de aprender o de descubrir. Por eso, Víctor invita a todas aquellas personas que aún ocultan sus dones a que sigáis avanzando y a que no tengáis miedo ni reparo, porque son parte de vosotros mismos y, como tal, no tenéis por qué avergonzaros ni estar pendientes del qué dirán.

¿Cómo pasar almas a la luz?

Hoy me encuentro en la terraza de la casa de Víctor y, tras haber hecho un trabajo de pasar a dos almas a la luz, él os quiere decir cómo podéis hacerlo con almas que sean de vuestros familiares o de personas que no conocéis. En primer lugar, me dice que todos siempre escuchan a la hora de transcender (partir) todos los pensamientos que tenéis, ya sean de amor o de odio. Todas esas vibraciones las captan porque ya están fuera del cuerpo y, como espíritus fuera de la materia humana, ya lo pueden sentir. Él me comenta que cuando partió el 24 de diciembre de 2019, sintió todo ese amor y cariño que su pueblo le profesa, y así también de los que no lo conocían en persona. Es de vital importancia, me dice, que ayudemos a toda aquella alma que parte, porque estaremos haciendo un gran trabajo.

En segundo lugar, me dice que tenéis que comunicarles que son luz, que no son oscuridad y que lo que pasaron no fueron más que aprendizajes, para que eso no les atasque a la hora de hacer el tránsito. Jamás perdemos contacto con los familiares, ya estén en la Tierra o allá al pasar a la luz; ellos se siguen comunicando con nosotros de diversas maneras. También es de vital importancia que se les hable con luz y desde el amor, y jamás obligar a ningún alma a partir hacia la luz si no quiere, porque recordad que todos tenemos libre albedrío a la hora de elegir, siempre. También me dice que es muy importante que os deis cuenta de cómo es su estado de ánimo.

Cada tránsito depende del estado de consciencia de cada persona. Muchas personas hacen un tránsito doloroso y triste por los apegos a las personas o cosas materiales que hay o que han tenido en sus vidas, así como hay otras personas que hacen un tránsito muy bonito. Esto, como descubrió mi querido José Luis, un gran maestro para mí, puede llevar a la confusión de creerse que verdaderamente están en la luz cuando, en muchos casos, no es así. Ya como almas son muy astutas y saben engañarnos, porque ya pueden sentir nuestros pensamientos e intenciones. Por eso, cuando nos encontremos casos así es conveniente preguntarles si han ido a la luz y si han visto a algún maestro o guía de luz, como el maestro Jesús, Buda o Merlín, así como otros seres de luz, y sentir si la energía que conectamos nos produce mucha luz y armonía o todo lo contrario. La clave está en vuestro sentir. Es algo que yo siempre digo, que en el sentir está todo. Los maestros y guías siempre nos utilizan a nosotros, que estamos encarnados en la Tierra, para realizar esta labor porque es una labor de amor que nos hace evolucionar a ambas partes.

Hoy Víctor me llevó junto a su sobrino al cementerio de Fuente Palmera, donde se encuentra su cuerpo. Allí me hizo realizar la tarea de llevar a la luz a un alma cuyo cuerpo acababa de ser enterrado. Me dicen que ya simplemente con la luz que muchas personas poseemos y el amor en sí, inconscientemente los llevamos a la luz por la energía que desprendemos. Además ayudamos a muchas otras personas que están encarnadas, por eso es muy importante siempre tener una energía bonita y estar en frecuencia alta. Y también me dice que si estamos en un cementerio o en cualquier otro lugar y decimos las palabras «somos luz», porque todos somos unidad formando una sola consciencia, estaremos ayudando a muchas personas.

¿Incineración o enterramiento?

Hoy Víctor viene para hablarme de la incineración y el enterramiento. Hay muchas personas que entierran el cuerpo de su ser querido en el cementerio y hay otras que los incineran y esparcen sus cenizas o las entierran. Y Víctor me está diciendo que hay muchas personas que se preguntan qué pueden hacer. Realmente, el alma, me comenta Víctor, ya no está en ningún cuerpo, ya esté incinerado o enterrado. El alma ya no habita en él, simplemente fue un vehículo que utilizó para transitar por la Tierra. En todo caso, me dice que la opción más correcta sería la incineración, porque realmente no tiene sentido velar un cuerpo en una tumba, cuando más allá de eso ahí ya no hay nada. Los espíritus prefieren que se incineren sus cuerpos físicos. Aunque a ellos les da igual, porque ya no hay nada dentro de sus cuerpos, para ellos sería lo correcto, en la mayoría de los casos, incinerar el cuerpo y esparcir las cenizas, ya que ellos están en el instante, o sea, su ser está siempre en todo momento a nuestro lado y no hace falta ir a un cementerio porque ellos nos acompañan en todas partes.

Aunque muchos espíritus respetan el deseo de sus familiares de qué hacer con sus cuerpos o no, a ellos no les afecta para nada, simplemente lo ven positivo para que a la persona le sea más llevadero. Desean que entiendan que la vida de su ser querido no acabó para siempre en una tumba, sino que sigue continuando al lado de ellos, no de forma física, pero sí de forma espiritual. Y que no tienen que hacerles visitas a sus cuerpos, porque ellos están siempre en todo momento, no dentro de una tumba.

¿Dios está dentro de nosotros o fuera?

Hoy Víctor, mientras paseaba por las calles de mi ciudad de Málaga, me hizo entrar en una iglesia. Me parecía curioso, porque a él en vida no le gustaba entrar en las iglesias ni las religiones. Cuando estaba dentro de la iglesia, me hizo la pregunta de si creía realmente que el templo de Dios estaba en una iglesia o en nuestro corazón. Naturalmente, yo sé que está en cada uno de nuestros corazones, porque todos somos Dios y está dentro de cada uno de nosotros. Víctor nos dice que él siempre supo que esa fuerza interior a la que llamamos Dios o consciencia universal está dentro de cada uno de nosotros. Y no está en un templo, tal y como nos ha dicho Víctor, porque ninguna imagen puede estar a la altura de tu consciencia. Porque nosotros somos Dios y cuando pedimos fuera de él, o sea, en iglesias, templos, etc., estamos pidiendo desde la carencia, desde el no tener. Nos creemos pequeñitos, cuando dentro de nosotros tenemos algo muy grande, que es nuestra alma; ella sabe muy bien todo lo que has pactado, hacia los rumbos que te tiene que llevar.

Dios nos creó a todos por igual, sin distinción alguna. Por eso, pidamos siempre desde el amor que tenemos dentro, porque podemos conseguirlo, pero para ello hay que hacer un trabajo de desprogramarse de todo lo que nos han hecho creer. Eso es un aprendizaje también que vuestras almas pactaron hacer.

La libertad ante los planes del alma

Hoy Víctor me está contando que el alma, como se ha comentado en capítulos anteriores, hace una planificación prenatal, y dentro de esos planes están las situaciones que vamos a vivir en la Tierra. Me comenta que no podemos saber el futuro de lo que nuestras almas han elegido, porque hay muchas personas en la Tierra que lo quieren saber y acuden a videntes y clarividentes, y muchas veces pueden dar visiones futuras inciertas, acordes al estado vibracional de la persona (consultante). Porque todo es energía y la energía influye siempre en las sesiones. Si el estado vibracional de la persona está con duda, insegura o ansiosa, eso obtendrá de las sesiones, respuestas inciertas, y si está con ganas de saber por su propio crecimiento, en plenitud y armonía, obtendrá respuestas maravillosas y consejos. Así tendría que ser, porque cuando preguntamos por el futuro nos desviamos del camino. Lo que esté destinado será, solo caminad con vuestra verdad por el presente. Porque no estáis preparados para saber lo que os va a pasar en situaciones futuras.

El libre albedrío está siempre en cómo vosotros elegís estas situaciones, cómo os las tomáis desde vuestra personalidad y así es como vosotros escribís vuestras experiencias de vida. Ahí está el libre albedrío, en cómo gestionáis el plan que vuestra alma ha elegido. Por eso caminad siempre ante la vida sin expectativas, dejándoos sorprender ante los planes del destino para vosotros y siempre gestionadlos de manera sincera siendo fieles a vosotros mismos.

La aceptación de la partida del ser querido

Hoy Víctor me está comentando que a las personas siempre nos han hecho creer que con la partida del ser querido, cuando les dicen que acepten, tienen que aceptar que ya no están o, mucho peor, que tienen que olvidarlos, cuando es todo lo contrario. Aceptar implica entender que están con nosotros, pero de diferente manera, ya no en un cuerpo físico, pero sí energéticamente, y que podemos seguir manteniendo contacto y relación, pero a través de diferentes formas, como señales, meditación, sensaciones y muchas más. No implica aceptar que el ser querido ya no esté en tu vida, porque nunca se fue de tu vida. Sigue estando, porque el contacto en espíritu es tan válido como en cuerpo físico, puesto que nos olvidamos de que no somos el cuerpo, somos almas con un traje temporal. Por tanto, el contacto no se rompe porque un ser querido haya dejado su cuerpo físico.

Con el corazón se siente. Nunca intentéis tenerlo con la mente porque siempre os cuestionaréis por ello. Por eso siempre el maestro Jesús dice que vayamos a él como niños, porque los niños no se cuestionan ni dudan, sino que sienten y se dejan llevar por ese sentimiento. Por ello siempre os decimos que saquéis vuestro niño interior y conectéis con esa sencillez que os caracteriza, porque así podréis sentir el corazón y no los murmullos de vuestra mente, que siempre os lo cuestionará todo.

La mente está para dirigir, y el corazón para sentir, como un camino de ruta. Así que abriros al contacto, al amor, al aprender, porque ellos siempre se están comunicando con nosotros y jamás los molestamos, como se ha dicho en muchas ocasiones. Porque el contacto, cuando se hace desde el amor, que es lo único real y verdadero, no hay nada que lo pueda impedir.

La aparición de las almas

Hoy Víctor, apareciéndose ante mí, ha querido comentarme cómo es la aparición de las almas. Me dice que ellos allí se ven como si fueran luces, almas en completa luz y armonía, pero que para aparecerse ante nosotros y sus seres queridos, utilizan al personaje que ellos interpretaron en la Tierra para que los podamos reconocer y hacerse sentir. Me comenta que ellos nunca pierden su esencia ni su forma de ser, pensar y actuar; lo único por lo que ya no están movidos es por el rencor, la avaricia, el egoísmo o el dolor, porque eso allí ya no tiene cabida ninguna. En la luz todo es una unidad de amor, comprensión y trabajo en equipo. Entre todos los seres de luz, no hay nadie que sea más que otros; todos son iguales, independientemente de la evolución o forma que tenga cada alma. Todas son iguales, divinas y llenas de mucho amor y luz.

Y una reflexión que quiere lanzar Víctor es que siempre nos miremos desde el más puro amor incondicional, porque si todos pudiésemos vernos interiormente, comprenderíamos que formamos parte de un todo y no habría guerra entre nosotros. «Lo que llamáis problemas entre vosotros no son más que acuerdos de almas que se hacen desde el más puro amor, y cuando todos estéis reunidos en este maravilloso plano de consciencia y realidad, os podréis perdonar y decir: "Gracias por todo, fue bonito haber aprendido contigo en este viaje de almas hacia otros lugares"».

La meditación

Hoy Víctor quiere contarnos acerca de la meditación. Me dice que meditar es algo muy importante para el ser humano y que debería enseñarse en las escuelas y en todo el mundo. ¿Por qué la meditación es fundamental para el día a día? Para tomar decisiones sobre nosotros mismos y también para realizarnos en el día a día. Víctor no quiere que dejéis de meditar nunca, y a los que no habéis empezado os abre la puerta de bienvenida para que, al leer este capítulo, lo hagáis.

Mis abuelas y la abuela de Víctor, llamadas Paca, Lola y Teodovia, están aquí para deciros que la meditación relaja el cuerpo y la mente a la hora de conectar con nosotros mismos en cuerpo y en alma, y que también es fundamental para conectar con nuestro ser, que es nuestra alma. Zulaica, un gran espíritu amiga de Víctor y mía, nos dice que es fundamental también la meditación en niños para que así aprendan a desarrollarse desde pequeños y tengan la capacidad de elegir y decidir conscientemente, como se ha comentado en líneas anteriores.

A continuación, os dejamos una meditación que Víctor y yo creamos para conectar con otros planos, así como con vuestros seres queridos.

Ponte en una posición que te resulte cómoda, cierra los ojos y empieza respirando profundamente para que te vayas sintiendo relajado, hasta notar que todo tu cuerpo está en completa relajación. Sientes una sensación de amor y de muchísima luz dentro de ti. Ve relajándote paso a paso hasta que te sientas completamente en paz. Ahora imagina que te encuentras en un hermoso bosque, muy bonito e inmenso, y a lo lejos ves un lago de agua cristalina, donde te vas a encontrar una barca que te invita a subir en ella. Te subes a esa barca y vas empezando a remar. Ahora ves como del cielo se abre una luz muy luminosa, ante el río, que te marca un camino para ti. Síguelo y, al seguirlo, ya divisas el otro lado de la orilla y ves que al fondo hay un hermoso árbol, inmenso, muy iluminado, que te atrae profundamente. Al llegar a la orilla te bajas y te encuentras una llave dorada encima de una mesa de madera, que te invita a cogerla y adentrarte en el interior de ese árbol. Coge la llave y dirígete hacia el árbol. Acércate a él y verás que hay una puerta. Es una puerta de madera. Al fondo encontrarás una cerradura, donde vas a introducir la llave, que te va a llevar a esa nueva dimensión. Al abrir la puerta, inmediatamente te encuentras en ese otro plano de luz. Disfruta de la experiencia y déjate fluir.

SALIDA

Respira profundo, te despides de todos ellos, con mucho amor y con agradecimiento. Vas a volver a buscar el camino iluminado que te lleva hasta la salida del árbol. Busca la puerta, coge la llave que tienes y la pones en tu mano. Antes de salir vas a recibir una lluvia de pétalos de rosas, que cae del cielo y que al tocar tu piel, su esencia se impregna en tu cuerpo. Sientes amor divino, sientes la plenitud, sientes la luz del Padre-Madre, esa luz que te da la protección para salir de este plano. Vas a caminar, abres la puerta, sales del tronco y cierras la puerta. Vuelves a ver el camino luminoso que te lleva de nuevo hasta la barca.

Caminas, dejando la llave guardada en la cajita y la cierras. Subes a la barca y empiezas a remar por la orilla del lago. Al remar, empiezas a ver como el cielo se abre y de él cae un rayo dorado que se posa sobre ti y te baña por completo de luz, de amor, de paz y armonía. Cierra tus ojos y abre los brazos, llénate de esa luz, respírala. Ya vuelves a divisar el otro lado de la orilla y al llegar te paras un momento para agradecer la experiencia vivida. Haz una respiración profunda y vuelve a tu cuerpo. Abre tus ojos, muévete, mueve tus manos, tus pies y tu cuerpo.

El verdadero significado del amor

Hoy Víctor me viene a decir el verdadero significado de lo que es el amor y cómo se experimenta realmente en el otro lado. Me dice que amor solo hay uno, que no es el que realmente creemos tener por una pareja, padres, hijos, hermanos, amigos, etc.; eso son apegos. No quiere decir que no signifique tener amor por ellos, sino que el amor de Dios no entiende de apegos ni de divisiones, porque el amor de Dios es uno en consciencia que ama todo. Así Víctor me explica que ellos, una vez que transcienden del cuerpo físico hacia la luz, sienten el amor de Dios, y ese amor no entiende de separaciones, sino de unidad. Lo aman todo a la vez, sienten el mismo amor por sus familiares, amigos, conocidos y no conocidos. Este es un amor que pocas veces se puede experimentar realmente en el cuerpo físico, si no te dejas llevar y abres tu consciencia a la unidad. Ese es el verdadero amor que se vive y experimenta, aunque el ego no os deje verlo o visualizarlo. El amor es lo único real y verdadero, todos somos amor y luz en nuestra infinita creación. Así que Víctor os invita a que abráis esa consciencia de unidad y os dejéis inundar por ese amor.

In memoriam

Víctor Manuel Cepedello López (1993-2019). Un alma que vivió la vida muy intensamente, que se divirtió, disfrutó y concretó mucho de lo que tenía planeado. Amó y le amaron, reía, lloraba, sentía el vértigo de la velocidad con el viento pegándole en la cara. Nunca sintió el fracaso mientras estuvo encarnado en esta tierra. Ya se había cumplido su tiempo aquí y tenía que seguir evolucionando con esa luz intensa que tiene. Ya no es hora de seguir pensando individualmente ni en dos personas, sino que ahora el pensamiento es global para, desde el amor incondicional que une todo, convertirse en un guía para todos vosotros.

Agradecimientos

Quiero expresar mi agradecimiento a la familia Cepedello López por haberme abierto las puertas de su corazón. Gracias también a Mariel Soljan, Maricruz Rosa, Alma Moressi, Juliano Fernández, Sonia Estévez, Sandra de Mera, Pilar Herman, María José Carmona, Ana Alfaro, Florentina Enríquez, Araceli Herman y Lucía Lorente por habernos acompañado a los dos en este proceso.

Índice

Presentación 9

El idioma del universo 11
La llegada de las almas 13
El mundo espiritual 17
La reencarnación 21
La imaginación 25
La resiliencia 27
Pensamientos del corazón 29
La mediumnidad en niños 31
¿Cómo pasar almas a la luz? 33
¿Incineración o enterramiento? 35
¿Dios está dentro de nosotros o fuera? 37
La libertad ante los planes del alma 39
La aceptación de la partida del ser querido 41
La aparición de las almas 43
La meditación 45
El verdadero significado del amor 49

In memoriam 50
Agradecimientos 51
Sobre el autor 53

Sobre el autor

Alejandro Vargas Guerrero (Alhaurín el Grande, Málaga, 1998). Desde muy pequeño siempre se interesó por conversar sobre asuntos relacionados con la espiritualidad, el esoterismo o la mediumnidad. El dolor que supuso para él la partida de sus dos abuelas le llevó a tratar de entrar en contacto con ellas, algo que intentó una y otra vez hasta que dicho contacto se produjo y sus abuelas le transmitieron el mensaje de la importante misión que tenía que cumplir en la tierra. En dicho mensaje, ambas mujeres le encomendaron a su nieto el cometido de ser un trabajador de la luz, ayudar al prójimo y convertirse en un canal para transmitir elementos del plano espiritual. Fue así como Alejandro empezó a canalizar y desarrollar la mediumnidad, camino en el que viene trabajando desde el año 2019. *Volver para contarlo* es su segundo libro publicado, ya que en 2021 vio la luz su primera obra, *Tránsito de las celebridades.*